BEI GRIN MACHT SICH IHR WISSEN BEZAHLT

- Wir veröffentlichen Ihre Hausarbeit, Bachelor- und Masterarbeit

- Ihr eigenes eBook und Buch - weltweit in allen wichtigen Shops

- Verdienen Sie an jedem Verkauf

Jetzt bei www.GRIN.com hochladen und kostenlos publizieren

GRIN

Bibliografische Information der Deutschen Nationalbibliothek:

Die Deutsche Bibliothek verzeichnet diese Publikation in der Deutschen National-
bibliografie; detaillierte bibliografische Daten sind im Internet über http://dnb.d-
nb.de/ abrufbar.

Impressum:

Copyright © 2014 GRIN Verlag, Open Publishing GmbH
Druck und Bindung: Books on Demand GmbH, Norderstedt Germany
ISBN: 978-3-668-08249-6

Dieses Buch bei GRIN:

http://www.grin.com/de/e-book/309826/exilliteratur-zur-zeit-des-nationalsozialismus-
ueberblick-ueber-autoren

Dominik Hösl

Exilliteratur zur Zeit des Nationalsozialismus. Überblick über Autoren und Werke

GRIN Verlag

GRIN - Your knowledge has value

Der GRIN Verlag publiziert seit 1998 wissenschaftliche Arbeiten von Studenten, Hochschullehrern und anderen Akademikern als eBook und gedrucktes Buch. Die Verlagswebsite www.grin.com ist die ideale Plattform zur Veröffentlichung von Hausarbeiten, Abschlussarbeiten, wissenschaftlichen Aufsätzen, Dissertationen und Fachbüchern.

Besuchen Sie uns im Internet:

http://www.grin.com/

http://www.facebook.com/grincom

http://www.twitter.com/grin_com

EXILLITERATUR
Schwerpunkt: Exilliteratur zur Zeit des Nationalsozialismus

Facharbeit zur
mündlichen Maturaprüfung
in Deutsch

Juli 2014

Inhaltsverzeichnis

1. Der Begriff „Exilliteratur"

a) Begriffsklärung

Das Wort Exil leitet sich vom lateinischen exilium = Verbannung ab.

Als Exilliteratur, auch Emigrantenliteratur genannt, wird die Literatur von Schriftstellern bezeichnet, die unfreiwillig Zuflucht in der Fremde suchen müssen, weil ihre Person oder ihr Werk im Heimatland bedroht ist. Meist geben politische oder religiöse Gründe den Ausschlag für die Flucht ins Exil.

Der Begriff „Exilliteratur" ist der fachlich gebräuchlichere. Während Emigration neutral den Wechsel des Wohnortes von einem Land in ein anderes bezeichnet, bedeutet Exil eher das Land, welches Zufluchtsort wird. Mitunter wird der Begriff auch für literarische Werke verwendet, die als verbotene Literatur in Exilverlagen erscheinen müssen, auch wenn deren Verfasser in ihrem Heimatland bleiben, also keine Emigranten sind.

Bereits in der Antike und im Mittelalter waren Schriftsteller der Zensur und Verfolgung durch die Mächtigen im Staat ausgesetzt, sodass sie ihre Werke im Exil verfassten. Im 16., 17. und 18. Jahrhundert überwogen meist religiöse Gründe für Exilliteratur. Während der Religionskriege im 16. Jahrhundert zum Beispiel mussten zahlreiche protestantische Dichter ihre katholische Heimat verlassen. Erst mit Ende des 18. Jahrhunderts nahm die politische Exilliteratur an Bedeutung zu.

Im 20. Jahrhundert wächst die Exilliteratur weltweit an. Europa, Lateinamerika, Asien und Afrika sind die Ausgangspunkte vieler Exilliteraten.

b) Historischer Hintergrund in Deutschland

Im Zusammenhang mit der deutschsprachigen Literaturgeschichte meint Exilliteratur in erster Linie die literarische Produktion von Autoren, die unter dem Nazi-Regime emigrierten. Bereits in der Weimarer Republik gab es schon juristische Vergeltungsmaßnahmen gegen Autoren, Dichter, Verleger, Journalisten, Filmemacher usw. Liberale, kommunistische, jüdische und pazifistische Kulturschaffende wurden diskriminiert. Ihre Veranstaltungen wurden durch die SA gestört, sie erhielten Drohbriefe und Schreibverbote, verloren oft ihren Arbeitsplatz oder wurden sogar gewalttätig angegriffen. Als Folge daraus wanderten bereits in den 30er Jahren des 20. Jahrhunderts viele Angehörige dieser Minderheiten aus Deutschland aus.

Schon vor der Machtübernahme durch die Nazis wurden sogenannte Schwarze und Weiße Listen von nationalsozialistischen und nationalistischen Vereinigungen erstellt, in denen anti-deutsche und nicht-arische Literatur aufgezeigt wurde. Auch hier war die Diskriminierung der Kulturschaffenden die Folge.

Mit der Machtübernahme der Nationalsozialisten mit ihrem Vorsitzenden Adolf Hitler am 30. Jänner 1933 wurde mit der Überarbeitung und Erweiterung der Verbotslisten begonnen. Die Nazis nannten „Literatur" ab diesem Zeitpunkt „Schrifttum" und richteten eigene Reichsministerien ein, die sämtliche veröffentlichte Schriften kontrollierten und zentral verbreiteten. Gegen unerwünschte Autoren, Verlage und Presseorgane wurde aggressiver vorgegangen. Verbände von Autoren oder Publikationen wurden verboten.

Am 10. Mai 1933 fand in ganz Deutschland zur gleichen Zeit an vielen Universitäten eine Bücherverbrennung unter dem Motto „Wider den undeutschen Geist" statt. Diese wurde wie eine Zeremonie abgehalten und hatte eine unmissverständliche Bedeutung. Es wurden die Schwarzen Listen konsequent abgearbeitet und sämtliche als nicht-arisch gekennzeichnete Werke feierlich und öffentlich verboten und verbrannt. Diese Bücherverbrennung vom 10. Mai 1933 kann als Ausgangspunkt der Exilbewegung vieler deutscher Literaten und Kulturschaffenden bezeichnet werden. Diese „Säuberung des Schrifttums" wurde in der folgenden Zeit noch intensiver. Die Nationalsozialisten nahmen die komplette Literatur ein.

Diese gesamte Entwicklung war sehr radikal und erschreckte die Kulturschaffenden. Zahlreiche Autoren und Publizisten verließen ihr Land. Insgesamt wurden etwa eine halbe Million Menschen aus Deutschland vertrieben. Darunter waren ca. 30 000 politisch Verfolgte, ca. 5 000 Kulturschaffende, davon ca. 2 500 Autoren und Publizisten.

c) Probleme der Exilliteraten

Die Exilliteraten wurden mit einer Vielzahl von Problemen konfrontiert:

Existenzprobleme und Isolation im Exil gehörten genauso dazu wie die oft schmerzvolle Trennung vom Heimatland und Probleme mit der Veröffentlichung ihrer Literatur.

Die meisten Schriftsteller, die ihr Land aus politischen Gründen verließen, waren überzeugt, dass Hitler früher oder später gestürzt werden würde und sie bald in ihre Heimat heimkehren könnten. Sie glaubten auch, dass die ausländischen Behörden unbürokratisch mit den politisch Verfolgten umgingen. Aber in den meisten Fällen war es genau das Gegenteil. Einreisegenehmigungen, die Ausstellung von Ausweisen und

Arbeitsgenehmigungen stellten oft große Probleme dar. Die Kontakte zum Heimatland waren abgetrennt, neue Dokumente erhielt man oft nur mit Beziehungen. Ohne Aufenthaltsgenehmigung und gültige Ausweise wurde aber auch keine Arbeitserlaubnis ausgestellt, und so war es für fast alle Exilliteraten ein großes Problem, für ein geregeltes Einkommen zu sorgen. Daraus ergab sich dann ein finanzieller Engpass, der oft bis zur Existenznot führte. Viele Exilliteraten konnten ihr Leben nur mit der Unterstützung von Freunden, Bekannten oder Hilfsorganisationen finanzieren.

Das Leben fern der Heimat bedeutete auch oft einen Kulturschock. Die fremde Mentalität und Kultur und auch die Erkenntnis, dass sich im Ausland keiner für deutsche Literatur interessierte und man im Heimatland anscheinend vergessen war, führte bei vielen Exilliteraten zur Isolation und Vereinsamung. Viele litten im Exil auch unter der Haltung, die man den Deutschen entgegenbrachte: Fremdenhass, Nationalismus, antisemitische Tendenzen gab es auch in den Exilländern.

Manchen Exilliteraten aber gelang es trotzdem sich schnell zu integrieren (z.Bsp. Thomas Mann, Franz Werfel, Lion Feuchtwanger), andere aber resignierten, führten ein kleinbürgerliches Leben und begingen nicht selten Selbstmord.

Ein großes Problem, mit dem die Exilliteraten auch zu kämpfen hatten, war die Veröffentlichung ihrer Literatur. Es war schwer, Möglichkeiten zur Publikation zu finden. Oft war auch die Ablehnung deutscher Literatur im Exilland groß. Viele Emigranten litten unter dem Gefühl, ihre deutsche Sprache im Ausland zu verlieren. Sie fanden kein geeignetes, wohlwollendes Publikum und keine Anerkennung für ihr literarisches Schaffen. Die literarische Arbeit im Exil war auch oft verbunden mit der Angst vor Abschiebung, der Bedrohung durch NS-Agenten, der Ablehnung durch die Bevölkerung und dem Entzug der schriftstellerischen Existenzgrundlage. Es gab nur wenige Autoren wie z.Bsp. Thomas Mann, die sich das Leben mit der Veröffentlichung ihrer Texte finanzieren konnten.

Ein großer Teil der Exilliteratur wurde erst nach 1945 veröffentlicht, ein noch größerer Teil gar nicht. Man kann sagen, dass die Situation der deutschen Exilliteraten generell schlecht war.

d) Zentren der deutschen Exilliteratur

Die deutschen Exilautoren wanderten in die unterschiedlichsten Länder aus. Sowohl in Europa als auch in Nord- und Südamerika, Asien oder Australien fanden sie Zuflucht. Ein wirkliches Zentrum des deutschen Exils hat es nie gegeben. In welchem Land die Emigranten

Exil bekamen, hing vor allem von deren politischen Orientierung ab. Kommunisten wanderten meist in die Sowjetunion aus, Sozialliberale nach Frankreich oder Skandinavien, Neutrale in die Schweiz und England. Die Tschechoslowakei mit Prag kann als ein Zentrum des deutschen Exils bezeichnet werden. Deutsche konnten hier relativ unkompliziert einreisen und eine Aufenthaltsbewilligung beantragen.

Nachdem die Nazis Österreich und die Tschechoslowakei annektiert, Polen, Frankreich und die Niederlande besetzt und auch England bedroht hatten, wanderten viele Exilliteraten von ihrem ersten Zufluchtsort weiter in die USA aus. Zentren waren hier New York und Kalifornien.

e) Merkmale der Exilliteratur

Das meiste, das im Ausland von den deutschen Exilliteraten verfasst wurde, war Erzählprosa. Die bevorzugte Gattung war der Roman. Diese Literaturform kam dem ausländischen Publikum entgegen und hatte dadurch höhere Chancen auf Veröffentlichung.

Zum einem gab es den Zeitroman und zum anderen die Autobiografien.

Der Zeitroman lässt sich in „Deutschlandromane" und „Exilromane" unterteilen.

„Deutschlandromane" behandeln das gegenwärtige und vergangene Deutschland und sind wie Dokumentationen, Reportagen oder Erklärungen gearbeitet. Zu den „Deutschlandromanen" zählt man auch den historischen Roman. Hier versucht der Autor den Zustand in Deutschland mit historischen Entwicklungen und Ereignissen zu begründen.

In den „Exilromane" verarbeiten die Emigranten ihre Erlebnisse und wollen über das Dritte Reich aufklären.

Der Bereich der Lyrik fällt in der Exilzeit bescheiden aus. Es wurden schon Gedichte veröffentlicht, der Großteil jedoch wurde erst, wenn überhaupt, nach Kriegsende publiziert. Inhaltlich war die Lyrik für die Dichter ein Mittel, das Erlebte zu verarbeiten.

Dramatiker hatten es im Exil besonders schwer. Ihre Theaterstücke wurden meist nicht aufgeführt. Hier ist Bertold Brecht die große Ausnahme. Ihm gelang es, in Frankreich und auch später in den USA mehrere Theaterstücke aufzuführen, die sich kritisch mit Deutschland und dem Krieg auseinander setzten.

Viele Exilliteraten arbeiteten auch als Journalisten und verfassten Beiträge für die Presse des Exillandes: Reportagen, Kritiken, Kommentare, Berichte aus dem Nazi-Deutschland, Reisebeschreibungen, Kurzprosa und Fortsetzungsromane.

2) Autoren der Exilliteratur

1. Antike: Ovid (Metamorphosen = Verwandlungen)
2. Mittelalter: Dante Alighieri (italienischer Dichter und Philospoph)
3. Deutsche Exilliteratur: Bertold Brecht

Alfred Döblin

Lion Feuchtwanger

Heinrich, Klaus und Thomas Mann

Robert Musil

Anna Seghers

Kurt Tucholsky

Franz Werfel

Stefan Zweig

3) Biografien von zwei ausgewählten Autoren

a) BERTOLD BRECHT

Biografie

Bertolt Brecht (eigentlich: Eugen Berthold Friedrich Brecht) wurde am 10. Februar 1898 in Augsburg als Sohn eines Fabrikdirektors geboren. Nach dem Abitur studierte er Medizin in München und leistet Kriegs- und Sanitätsdienst.

1923 wurde er Dramaturg in Münchener Kammerspielen und später am Deutschen Theater. Noch im gleichen Jahr ließ er sich als freier Schriftsteller in Berlin nieder. Durch seine Beziehung zu Helene Weigel begann er sich mit dem Marxismus zu beschäftigen, wenngleich ihm in seiner politischen Einstellung von Kritikern auch eine gewisse Berechnung nachgesagt wird. Brecht gilt bei einigen auch heute noch als „Salonkommunist".

1928 wurde seine Uraufführung der „Dreigroschenoper" sensationell erfolgreich. Dieses Stück brachte ihm Weltruhm. 1931 führte er „Mann ist Mann" auf, dieses Stück war kein großer Erfolg.

Nach der Machtergreifung der Nazis floh er über Österreich in die Schweiz, nach Dänemark, England, Schweden, in die Sowjetunion und nach Kalifornien. Diese Exiljahre erwiesen sich als erfolgreichste Schaffungsperiode Brechts, in der er viele wichtige Stücke, u.a. „Mutter

Courage und ihre Kinder", „Das Leben des Galilei" und „Der kaukasische Kreidekreis" schrieb.

Durch Brechts kommunistische Einstellung bekam er viele Probleme in den USA. 1947 kehrte er nach Europa zurück. Zunächst blieb er in der Schweiz. Da ihm die Einreisegenehmigung nach Westdeutschland von den alliierten Behörden verweigert wurde, übersiedelte Brecht nach Ost-Berlin. Dort gründete er das Berliner Ensemble unter der Leitung Helene Weigels. 1949 bis 1956 inszenierte Bertolt Brecht weitere seiner Stücke und errang dadurch noch mehr Weltruhm. Er war seit 1950 Mitglied der Akademie der Künste in Ostberlin.

Seine zwiespältige Haltung zum Arbeiteraufstand am 17. Juli 1953 verursachte auch Zwiespältigkeit unter seinen Anhängern. Diese entstellte Stellungnahme verursachte in Westdeutschland ein Brecht-Boykott. Zitat Brecht: „Der 17. Juni hat die ganze Existenz verfremdet. In aller ihrer Richtungslosigkeit und jämmerlicher Hilflosigkeit zeigen die Demonstrationen der Arbeiterschaft immer noch, dass hier die aufsteigende Klasse ist. Nicht die Kleinbürger handeln, sondern die Arbeiter." (20.8.1953). 1954 wurde ihm der Stalin-Friedenspreis verliehen.

Dank der erfolgreichen Inszenierung seiner Stücke, u.a. des „Kaukasischen Kreidekreises" in Paris, gewann Brecht allmählich wieder Zugang zu bundesdeutschen Bühnen.

1955 stellte sich Brecht an die Spitze des Protestes gegen die Aufnahme der BRD in die NATO.

Brecht starb am 14. August 1956 in Berlin an den Folgen eines Herzinfarktes.

Bertolt Brecht gilt als einer der wichtigsten deutsche Dramatiker des zwanzigsten Jahrhunderts. Er hat zudem auch Gedichte, Erzählungen, theoretische Essays und Aufsätze geschrieben. Seine Theorie und Praxis des „epischen Theaters" haben wesentlich zum modernen Theater beigetragen. Umstritten ist er noch immer, unabhängig von der hohen Qualität seiner Werke.

Werke – episches Theater

Die Dreigroschenoper

Leben des Galilei

Mutter Courage und ihre Kinder

Der gute Mensch von Sezuan

Der kaukasische Kreidekreis

b) FRANZ WERFEL

<u>Biografie</u>

Der deutschböhmische Schriftsteller Franz Viktor Werfel wurde am 10. September 1890 in Prag geboren. Seine Eltern waren Juden, und sein Vater verdiente den Lebensunterhalt als wohlhabender Handschuhfabrikant. Seine tschechische Kinderfrau, der Besuch der privaten katholischen Volksschule und das katholische Prag prägten seine Kindheit und Schulzeit, die er 1909 mit dem Abitur abschloss. Schon während der Schulzeit hatte er Gedichte veröffentlicht. In Prag lernte er schon früh andere Autoren wie Franz Kafka kennen, mit denen er ein Leben lang befreundet war.

Nach einem Volontariat bei einer Hamburger Speditionsfirma leistete er zwischen 1911 und 1912 seinen Militärdienst. Von 1912 bis 1915 war er Lektor beim Kurt-Wolff-Verlag in Leipzig. Hier war er auch mitverantwortlich für die Schriftenreihe *Der jüngste Tag* und begegnete hier auch Rainer Maria Rilke. Von 1915 bis 1917 diente er im Ersten Weltkrieg an der Front in Ostgalizien und wurde anschließend ins Wiener Kriegspressequartier versetzt.

In den folgenden zwei Jahrzehnten lebte er in Wien und schloss Freundschaft mit Alma Mahler-Gropius, der Witwe Gustav Mahlers und Ehefrau des Architekten Walter Gropius. Er zog sich weitestgehend aus der Öffentlichkeit zurück und ging oft auf Reisen. In dieser Zeit schrieb er auch seinen Roman *Die vierzig Tage des Musa Dagh*. 1818 brachte Alma Mahler seinen Sohne Martin Carl Johannes zur Welt. Nachdem sie von Walter Gropius geschieden worden war, heiratete er sie. In ihr hatte er die Frau fürs Leben gefunden.

Im Winter 1937/38 hielt er sich mit Alma im Ausland auf und kehrte nach dem Anschluss Österreichs nicht mehr zurück nach Wien. 1940 fanden die Werfels Zuflucht in Frankreich. Gemeinsam mit Alma floh er zu Fuß über die Pyrenäen nach Spanien. Von dort gelangten sie nach Portugal und emigrierten in die USA nach Beverly Hills und Santa Fee. 1941 erhielt Werfel die amerikanische Staatsbürgerschaft und veröffentlichte im selben Jahr seinen Roman *Das Lied von Bernadette*, der 1943 verfilmt wurde.

1943 verschlimmerte sich Werfels Angina Pectoris. Nach zwei Herzanfällen verstarb Franz Werfel am 26. August 1945 in Beverly Hills an einem Herzinfarkt. Er wurde zunächst in Beverly Hills begraben und hat seit 1975 ein Ehrengrab auf dem Zentralfriedhof in Wien.

Neben seinen Romanen ist Werfel vor allem für seine Lyrik bekannt geworden. Zudem hat er Erzählungen und Novellen veröffentlicht. Zu seinen bekanntesten Theaterstücken gehört *Jacobowsky und der Oberst* aus dem Jahr 1944.

Franz Werfel erhielt zeitlebens zahlreiche Auszeichnungen, zu denen neben dem Österreichischen Verdienstkreuz für Kunst und Wissenschaft 1. Klasse auch besondere Ehrungen wie Briefmarken zu seinen Ehren und ein Denkmal am Schillerplatz in Wien gehören. Das Zentrum gegen Vertreibungen hat den Franz-Werfel-Menschenrechtspreis nach ihm benannt.

Werke

Die vierzig Tage des Musa Dagh (Roman)

Eine blaßblaue Frauenschrift (Erzählung)

Der veruntreute Himmel (Roman)

Juarez und Maximilian (Drama)

Jacobowsky und der Oberst (Drama)

4) Männer- und Frauenbild in der NS-Zeit

Joseph Goebbels: Tagebücher, 29. März 1932,

in: http://paedagogikundns.files.wordpress.com/2012/01/vortragskonzepte-zur-ns-zeit-teil-ii-ns-ideologie-stand-22-1-12.pdf (eingesehen vom 14.04.-22.04.2014)

„Der Führer entwickelt ganz neue Gedanken über unsere Stellung zur Frau. (...) Der Mann ist Organisator des Lebens, die Frau seine Hilfe und sein Ausführungsorgan. Diese Auffassungen sind modern und heben uns turmhoch über alles deutschvölkische Ressentiment."

Hitlers Rede vor der NS-Frauenschaft,1934,

in: http://www5.in.tum.de/lehre/seminare/math_nszeit/SS03/vortraege/innen/weltDerFrau.htm (eingesehen vom 14.04.-22.04.2014)

"Die Welt des Mannes ist groß, verglichen mit der der Frau. Der Mann gehört seiner Pflicht, und nur ab und zu schweift ein Gedanke zur Frau hinüber. Die Welt der Frau ist der Mann. An anderes denkt sie nur ab und zu. Das ist ein großer Unterschied. Wenn man sagt, die Welt des Mannes ist der Staat, die Welt des Mannes ist sein Ringen, die Einsatzbereitschaft für die Gemeinschaft, so könnte man vielleicht sagen, dass die Welt der Frau eine kleinere sei. Denn ihre Welt ist ihr Mann, ihre Familie, ihre Kinder und ihr Haus. (...) Die Vorsehung hat der Frau die Sorgen um diese ihre ureigenste Welt zugewiesen, aus der sich dann erst die Welt des

Mannes bilden und aufbauen kann. diese beiden Welten stehen sich daher nie entgegen. Sie ergänzen sich gegenseitig, sie gehören zusammen, wie Mann und Frau zusammengehören.

Wir empfinden es nicht als richtig, wenn das Weib in die Welt des Mannes, in sein Hauptgebiet eindringt, sondern wir empfinden es als natürlich, wenn diese beiden Welten geschieden bleiben. In die eine gehört die Kraft des Gemütes, die Kraft der Seele! Zur anderen gehört die Kraft des Sehens, die Kraft der Härte, der Entschlüsse und die Einsatzwilligkeit! (...) Was der Mann an Opfern bringt im Ringen seines Volkes, bringt die Frau an Opfern im Ringen um die Erhaltung dieses Volkes in den einzelnen Zellen. Was der Mann einsetzt an Heldenmut auf dem Schlachtfeld, setzt die Frau ein in ewig geduldiger Hingabe, in ewig geduldigem Leiden und Ertragen. Jedes Kind, das sie zur Welt bringt, ist eine Schlacht, die sie besteht für Sein oder Nichtsein ihres Volkes. Und beide müssen sich deshalb auch gegenseitig schützen und achten, wenn sie sehen, dass jeder Teil die Aufgabe vollbringt, die ihm Natur und Vorsehung zugewiesen hat."

Diese beiden Zitate, die ich bei meiner Recherche im Internet gefunden habe, drücken sehr gut aus, wie das ideale Männer- und Frauenbild in der NS-Zeit aussah.

Das nationalsozialistische Deutschland war eine männerdominierte Gesellschaft. Die Zuweisung traditioneller Geschlechterrollen war essentieller Bestandteil der NS-Ideologie. Das Bild des perfekten Deutschen sah so aus: blaue Augen, blondes Haar, hochgewachsen, stählener Körperbau, arische Rasse, zum Gehorsam verpflichtet und treu bis in den Tod. Der Mann als Oberhaupt der Familie war für diese verantwortlich, noch mehr Verantwortung trug er aber seinem Land und seinem Führer gegenüber. Der Mann war zur Arbeit verpflichtet, machte Politik und somit Geschichte.

Die Ideologie und damit auch die Realität der NS-Zeit sah vor, dass der Mann zur Pflicht am Vaterland durch Arbeit und/oder Wehrdienst herangezogen wird und gab der Frau die traditionelle Rolle der Mutter.

Das Frauenbild während der NS-Zeit war von einer völkisch-nationalistischen Ideologie geprägt und betonte die Rolle der Mutter. Die ideale Frau sollte selbstverständlich arischer Abstammung sein, sich dem Mann unterordnen und sich durch Charakterzüge wie Treue, Pflichterfüllung, Opferbereitschaft, Leidensfähigkeit und Selbstlosigkeit auszeichnen. Sie sollte dem Wohle des deutschen Volkes dienen und vor allem ihre Pflichten als Mutter erfüllen. Ihre Aufgabe in der Gesellschaft war, die deutsche Rasse zu erhalten, zahlreiche Kinder auf die Welt zu bringen und die Familie und das Heim zu versorgen. Sie hatte in der

Familie und in ihrem ganzen Leben nur ein begrenztes Mitspracherecht. Die Entscheidungen in der Familie, in der Gesellschaft, in der Politik und in allen anderen Bereichen wurden von Männern getroffen.

Durch den Krieg änderte sich die Rolle der Frau etwas. Vor dem Krieg wurden den Frauen noch die Rolle der Ehefrau, Hausfrau und Mutter als die naturgemäß einzig richtige zugeteilt und Frauen wurden aus der Arbeitswelt und von wissenschaftlichen Betätigungen verdrängt. (Ein anderer Grund dafür war, die große Arbeitslosigkeit zu bekämpfen! Wurde aber mit der Ideologie und Propaganda der „perfekten Frau" verkauft!) Während des Krieges, als die meisten Männer an der Front waren, wurden die Frauen zur Arbeit in Rüstungs- und Industriebetrieben, in Textil- und anderen Fabriken herangezogen. Mit Werbeveranstaltungen und Propaganda sollten die Frauen dazu bewegt werden, für den Sieg Deutschlands freiwillig in der Industrie und Kriegswirtschaft zu arbeiten.

Die ganze Wertvorstellung der Nazis wurde eigentlich umgekehrt. Das Bild der Frau als fürsorgende Mutter und Ehefrau widersprach dem Bild der Frau, die für Kriegsdienste arbeiten sollte.

5) Ausgewählte Gedichte von Autoren der Exilliteratur

Bertolt Brecht *Über die Bezeichnung Emigranten*

Quelle:
https://books.google.at/books?id=sGnNDC1oI94C&pg=PA218&lpg=PA218&dq=immer+fand+ich+den+namen+falsch+den+man+uns+gab+emigranten&source=bl&ots=Lwl4GVB3H6&sig=tzkiEIZtp66Kv5s6RwcpEHvops4&hl=de&sa=X&ved=0CCgQ6AEwAmoVChMIkfv5rND7yAIVRqQOCh1eVQi_#v=onepage&q=immer%20fand%20ich%20den%20namen%20falsch%20den%20man%20uns%20gab%20emigranten&f=false

Bertold Brecht hat das Gedicht „Über die Bezeichnung Emigranten" im Jahr 1937 während seines Exilaufenthaltes in Dänemark verfasst.

Das lyrische Ich wehrt sich gegen die Bezeichnung „Emigranten" und hofft auf eine baldige Rückkehr in seine Heimat, lehnt sich aber auch gleichzeitig gegen diese Heimat auf.

Meine Gedanken dazu:

Das ganze Gedicht gibt Brechts Leben wieder. Brecht selbst verließ seine Heimat Deutschland und begab sich mit seiner Familie ins Exil. So kann man sagen, dass Brecht in dem Gedicht über sich selbst spricht.

Brecht lehnt den Begriff „Emigrant" ab, weil ein Emigrant die freie Wahl hat, seine Heimat zu verlassen. Ein „Auswanderer" aber wird von den, hier politischen, Umständen dazu gezwungen und wird so zum „Vertriebenen".

Das ganze Gedicht gibt die Situation der Exilliteraten genau wieder. Sie haben ihre Heimat nicht freiwillig verlassen und leiden darunter. Sie leiden auch unter ihren Lebensumständen im fremden Land („zerrissene Schuh", „Schande"), weil sie auch erkennen, dass sie im Exil nicht wirklich willkommen und anerkannt sind. Wie viele andere Exilliteraten ist Brecht mit der Situation unzufrieden und hofft, in seine Heimat zurückkehren zu können. Gleichzeitig aber verdammt er sein Heimatland für das, was sich dort an Grausamkeiten durch das NS-Regime abspielt.

Else Lasker-Schüler *Die Verscheuchte*

Quelle:
https://books.google.at/books?id=Yzq5oX6TKtwC&pg=PA176&lpg=PA176&dq=es+ist+der+tag+im+nebel+v%C3%B6llig+eingeh%C3%BCllt&source=bl&ots=a5Xltw5x2Y&sig=bBVJfdoohz62XdQvNl3a7a-zFDc&hl=de&sa=X&ved=0CDgQ6AEwBWoVChMI_8um5ND7yAIVQikPCh3nGAkH#v=onepage&q=es%20ist%20der%20tag%20im%20nebel%20v%C3%B6llig%20eingeh%C3%BCllt&f=false

Else Lasker-Schüler veröffentlichte „Die Verscheuchte" zuerst im März 1934 in der von Klaus Mann herausgegebenen Exilzeitschrift „Die Sammlung" (Jg. 1, Heft 7, S. 384). 1943 nahm sie das Gedicht in „Mein blaues Klavier" auf, die letzte Buchveröffentlichung der Dichterin vor ihrem Tod.

„Die Verscheuchte" ist eines der wenigen Gedichte, in dem Else Lasker-Schüler ausdrücklich die Problematik des Exils behandelt. Letztlich war es ihr nicht gegeben, eine Antwort auf die Frage nach dem Grund des Exils (des „Verscheucht-Seins") zu geben: Offen bleibt, ob es „Feindseligkeit" war, die die Dichterin ins Exil getrieben hatte, oder ob sich im Exil lediglich die existentielle „Einsamkeit" der Dichterin manifestierte.

Meine Gedanken zu dem Gedicht:,

Auch dieses Gedicht ist wie Brechts Gedicht autobiografisch. Als Jüdin muss Else Lasker-Schüler Deutschland verlassen und emigriert als 64-Jährige (!) in die Schweiz. Wie man aus dem Gedicht erkennen kann, liebt sie ihre Heimat und findet sich im Exil nur sehr schwer zurecht. Sie fühlt sich einsam und „heimatlos". Schon der Titel des Gedichtes „Die Verscheuchte" zeigt, dass sich die Dichterin aus ihrer Heimat vertrieben fühlt und diese nicht freiwillig verlassen hat. Sie stellt damit eine Situation dar, die viele Exilliteraten genauso empfunden haben. Im Exil ist die Dichterin hilflos, traurig, ängstlich und verlassen. In ihrer Heimat ist sie eine selbstbewusste Frau gewesen und hat sich nun im Exil zum Gegenteil geändert. Sie streift in ihrem Exil in Zürich „heimatlos zusammen mit dem Wild" umher und wird sogar als Landstreicherin festgenommen.

In beiden Gedichten kommt sehr stark zum Ausdruck, dass die Exilliteraten das Gefühl hatten, aus ihrer Heimat vertrieben worden zu sein. Sie haben die Heimat nicht freiwillig verlassen. Auf der einen Seite lieben sie ihre Heimat und sehnen sich zurück. Aber auf der anderen Seite verfluchen sie das Heimatland für das, was sich dort politisch abspielt.

Beide Gedichte sprechen die Gefühle des Lesers sehr stark an. Der Leser kann mit dem Dichter mitfühlen und spürt beim Lesen seinen Schmerz.

6) Quellen

1. Der Begriff „Exilliteratur"
http://de.wikipedia.org/wiki/Exilliteratur
http://de.wikipedia.org/wiki/Literatur_in_der_Zeit_des_Nationalsozialismus#Exilliteratur
http://www.literaturwelt.com/epochen/exil.html
https://www.uni-due.de/einladung/Vorlesungen/literaturge/exilliteratur.htm
(alle eingesehen vom 14.04.-22.04.2014)

2) Autoren der Exilliteratur
http://de.wikipedia.org/wiki/Exilliteratur

3) Biografien von zwei ausgewählten Autoren
Biografie Bertold Brecht: http://www.yolanthe.de/biograf/brecht.htm
Biografie Franz Werfel: http://www.histo-couch.de/franz-werfel.html
(alle eingesehen vom 14.04.-22.04.2014)

4) Männer- und Frauenbild in der NS-Zeit
http://de.wikipedia.org/wiki/Frauen_im_Nationalsozialismus
http://paedagogikundns.files.wordpress.com/2012/01/vortragskonzepte-zur-ns-zeit-teil-ii-ns-ideologie-stand-22-1-12.pdf
http://sunday-news.wider-des-vergessens.de/?p=6828
http://www.zukunft-braucht-erinnerung.de/index.php?option=com_content&task=view&id=783&Itemid=566
http://www5.in.tum.de/lehre/seminare/math_nszeit/SS03/vortraege/innen/weltDerFrau.htm
(alle eingesehen vom 14.04.-22.04.2014)

5) ausgewählte Gedichte von Autoren der Exilliteratur
Bertold Brecht, *Über die Bezeichnung Emigranten*
- *https://books.google.at/books?id=sGnNDC1ol94C&pg=PA218&lpg=PA218&dq=imme
  r+fand+ich+den+namen+falsch+den+man+uns+gab+emigranten&source=bl&ots=Lwl
  4GVB3H6&sig=tzkiEIZtp66Kv5s6RwcpEHvops4&hl=de&sa=X&ved=0CCgQ6AEwAmoV
  ChMIkfv5rND7yAIVRqQOCh1eVQi_#v=onepage&q=immer%20fand%20ich%20den%2
  0namen%20falsch%20den%20man%20uns%20gab%20emigranten&f=false*
- http://de.wikipedia.org/wiki/Bertolt_Brecht
- http://www.ccbuchner.de/musterseiten/detail/m4694_5.pdf
- http://www.klausschenck.de/ks/downloads/brechtemigranten.pdf
- http://www.yolanthe.de/biograf/brecht.htm

Else Lasker-Schüler, *Die Verscheuchte*
- *https://books.google.at/books?id=Yzq5oX6TKtwC&pg=PA176&lpg=PA176&dq=es+ist
  +der+tag+im+nebel+v%C3%B6llig+eingeh%C3%BCllt&source=bl&ots=a5Xltw5x2Y&sig
  =bBVJfdoohz62XdQvNI3a7a-*

zFDc&hl=de&sa=X&ved=0CDgQ6AEwBWoVChMI_8um5ND7yAIVQikPCh3nGAkH#v=o
nepage&q=es%20ist%20der%20tag%20im%20nebel%20v%C3%B6llig%20eingeh%C3
%BCllt&f=false

- http://www.judentum-projekt.de/persoenlichkeiten/liter/laskerschueler/index.html
- http://www.kj-skrodzki.de/Dokumente/Text_020.htm
- http://www.whoswho.de/templ/te_bio.php?PID=1116&RID=1
- http://de.wikipedia.org/wiki/Else_Lasker-Sch%C3%BCler

(alle eingesehen vom 14.04.-22.04.2014)

BEI GRIN MACHT SICH IHR
WISSEN BEZAHLT

- Wir veröffentlichen Ihre Hausarbeit,
  Bachelor- und Masterarbeit

- Ihr eigenes eBook und Buch -
  weltweit in allen wichtigen Shops

- Verdienen Sie an jedem Verkauf

Jetzt bei www.GRIN.com hochladen
und kostenlos publizieren